JEANNE D'ARC
MIRACLE DE DIEU

PANÉGYRIQUE

PRONONCÉ DANS LA CATHÉDRALE D'ORLÉANS

LE LUNDI 8 MAI 1893

POUR LE 464ᵉ ANNIVERSAIRE DE LA DÉLIVRANCE D'ORLÉANS

Par M. l'Abbé LEMOINE

PROFESSEUR DE SECONDE
AU PETIT-SÉMINAIRE DE LA CHAPELLE-SAINT-MESMIN

« De ma part, je répute l'histoire de la Pucelle un vrai miracle de Dieu. »
(ÉTIENNE PASQUIER, *Les Recherches de la France*, liv. VI, ch. 1.)

ORLÉANS
H. HERLUISON, LIBRAIRE-ÉDITEUR
17, RUE JEANNE-D'ARC, 17

1893

JEANNE D'ARC
MIRACLE DE DIEU

PANÉGYRIQUE

PRONONCÉ DANS LA CATHÉDRALE D'ORLÉANS

LE LUNDI 8 MAI 1893

POUR LE 464e ANNIVERSAIRE DE LA DÉLIVRANCE D'ORLÉANS

PAR M. L'ABBÉ LEMOINE

PROFESSEUR DE SECONDE
AU PETIT-SÉMINAIRE DE LA CHAPELLE-SAINT-MESMIN

« De ma part, je répute l'histoire de la Pucelle un vrai miracle de Dieu. »
(ÉTIENNE PASQUIER, *Les Recherches de la France*, liv. VI, ch. 1.)

ORLÉANS
H. HERLUISON, LIBRAIRE-ÉDITEUR
17, RUE JEANNE-D'ARC, 17

1893

JEANNE D'ARC
MIRACLE DE DIEU

Gratiâ Dei sum id quod sum.
« Ce que je suis, je le suis par la grâce de Dieu. »
(1 Corinth., xv, 10.)

Éminence [1],
Messeigneurs [2],
Messieurs,

C'est Dieu qui a fait les patries, et qui, ayant créé la terre pour qu'il y eût des hommes, y a façonné la France pour qu'il y eût des Français. Lorsqu'il eut fait jaillir d'un soleil la planète où nous sommes, c'est lui qui a marqué sur ce petit globe, par un savant contour de mers, de fleuves et de montagnes, le pays que nous habitons, et formé par un lent travail du sang d'innombrables générations la race d'hommes à laquelle nous appartenons. Le sol qui nous porte et nous alimente, ce beau ciel de notre pays qui éclaire nos yeux et nos âmes d'une façon si particulière, le milieu spécial qui nous a, semble-t-il, formés

---

[1] Son Éminence le cardinal Meignan, archevêque de Tours.
[2] Mgr Coullié, évêque d'Orléans; Mgr Jutteau, évêque de Poitiers; Mgr Duval, évêque de Soissons.

à son image, tout ce qui nous donne notre empreinte nationale, tout cela est l'œuvre de ses mains.

Qui le niera ? Est-ce que nous ne frémissons pas tous d'étonnement quand nous entendons dire parfois que la terre et la France se sont faites et développées toutes seules, absolument à l'aventure, par une suite d'accidents aveugles, et sans direction d'aucune sorte ? Bien loin d'y souscrire, nous croyons, Messieurs, que Dieu regarde aux détails de son œuvre tout comme à l'ensemble, aux nations comme au genre humain, au genre humain comme au reste du monde; qu'il a fait des lois pour le respect du plus petit champ, comme il en a fait pour tracer leur route aux étoiles du ciel; que rien n'est petit à ses yeux, pas même notre terre, pas même un peuple, pas même une ville, pas même un enfant; et qu'ayant jeté ici-bas les germes des nations, il ne les a pas quittés du regard, en rien semblable à cet Être solitaire et froid qu'inventa sous son nom béni une sombre philosophie, et qui, après avoir déposé la création sur le néant, comme un fardeau dont on se débarrasse, se retirerait à jamais d'elle au sein de son Infini, la laissant là toute seule, comme en un vaste désert, sans plus se rappeler qu'après tout elle est sa fille.

Vous, Messieurs, nous tous, nous croyons que notre Dieu s'occupe de nous et de notre patrie; que, nous ayant créés, il nous regarde encore; que, pour être grand, il n'en est pas moins à nous comme à ses cieux; et voilà pourquoi nous venons aujourd'hui lui rendre nos actions de grâces pour une délivrance que nous lui attribuons. Car enfin, pourquoi sommes-nous réunis en ce moment dans cette basilique ? Pourquoi demandez-vous à un prêtre d'y célébrer le saint Sacrifice, et à un autre prêtre d'y prendre la parole devant ces autels, si ce n'est pour bien exprimer qu'avant tout vous venez lui dire ici : Ce que nous sommes, nous le sommes grâce à vous ?

Aussi bien, c'est là ce qui me rassure dans mon étonnement de me voir dans cette chaire; vous ne pouvez pas exiger de moi d'être aussi disert que tous ces illustres orateurs auxquels je succède en rougissant, vous seriez bien déçus, Messieurs ; vous ne me demandez que de remercier Dieu avec vous, et je me réjouis de n'avoir, pour vous plaire, qu'à y mettre de la foi, assuré pour le reste que mon Dieu bénira ma parole, puisqu'il bénit toute prière et que l'action de grâces en est une.

En le remerciant ainsi, nous ne faisons, Messieurs, que suivre l'exemple de notre libératrice elle-même. Personne n'a plus souvent que Jeanne d'Arc rappelé le rôle de Dieu dans sa vie extraordinaire : pour elle, sa mission vient d'en haut, ce sont des Voix ; ses exploits viennent d'en haut, ce sont des Signes ; son martyre vient d'en haut, ce sont des Croix. Des Voix, des Signes, des Croix, en trois mots, vous l'avez tout entière ; et ils se résument en un seul : la grâce de Dieu !

C'est, dans son étonnante histoire, l'idée maîtresse qui explique tout, et sans laquelle on n'explique rien. Jeanne elle-même y revient sans cesse : « Je viens de par le Roi du Ciel... tout mon fait n'est qu'un ministère... c'est Dieu qui me réconforte en mon martyre... n'était sa grâce, je ne pourrais rien faire. » Elle traduit enfin de mille manières ces paroles de l'apôtre que j'ai prises pour texte : *Gratiâ Dei sum id quod sum.* C'est aussi l'idée que vous exprimez vous-mêmes, Messieurs, en demandant à la Religion de prendre part à cette fête. Puisse la simple histoire de cette grande âme que j'entreprends de vous raconter servir à la mettre en lumière, et montrer une fois de plus que Jeanne d'Arc est bien, selon les fortes paroles d'un illustre historien, « un vrai miracle de Dieu » !

ÉMINENCE,

Orléans est fier de voir ici autour de vous ce glorieux cortège de Prélats, qui sont venus, à la prière de notre Évêque vénéré, rehausser de leur présence l'éclat de ces fêtes et les marquer davantage encore du caractère religieux qui leur convient. Leur pieuse visite a touché nos cœurs, car en cette ville, Éminence, nous aimons tous ceux qui aiment Jeanne d'Arc, et nous vouons notre reconnaissance à tous ceux qui l'honorent. Permettez-moi d'ajouter qu'il est particulièrement touchant de voir l'Archevêque de Tours présider cette solennité. En même temps qu'il nous semblait voir hier soir la Religion et la France, en la personne d'un prince de l'Église et de notre premier magistrat, se donner la main sous les plis de l'étendard de Jeanne, nous nous souvenions tous que cette sainte bannière vient de Tours, où elle se déploya pour la première fois, et nous bénissions Dieu d'avoir mis ce lien sacré entre votre ville et la nôtre.

I

Dieu, qui ne fait rien d'isolé dans le monde et qui rattache la grâce même à la nature, a fait parler la France à notre Pucelle avant de lui envoyer ses Anges.

Il a placé son berceau non loin du tabernacle, à l'ombre salutaire d'une église consacrée au saint qui a baptisé la patrie. Il a voulu que sa maison natale fût la dernière du sol national, située aux limites extrêmes de cette Lorraine dont le nom seul éveille l'idée de guerres éternelles, et de cette noble terre de Champagne, qui est par Reims notre patrie religieuse, et pour qu'en s'ouvrant, les yeux de Jeanne aimassent aussitôt son pays, il la déposa dans une vallée de fleurs : son village est un hameau sur une rivière ; il y a des prairies dans le val, des vignes sur les pentes, des chênes sur les hauteurs. Ah! la terre de France est partout bien belle et bien bonne, Messieurs, nulle part elle n'est plus aimable qu'au pays de Domrémy !

Et sur ce sol choisi, voyez de quels soins Dieu entoure son élue; elle est la nièce d'un bon prêtre qui vient souvent visiter sa famille, et sa mère est la plus dévote femme de la paroisse : pour bien aimer Dieu, elle n'aura qu'à les écouter.

Son père est le plus attaché du pays au parti de France : pour être patriote, elle n'aura qu'à lui ressembler.

Et puis, ce ménage n'est pas un foyer pauvre et fermé :

doyen de son village, Jacques d'Arc est un digne fermier, qui tient à bail les terres du château, qui a biens et maison, bois et prairies, avec du bon bétail dans son étable, de bons écus dans son armoire, et, dans son cellier, du bon vin de la Meuse; il est du peuple et fréquente la noblesse; frère de couvreurs et de charpentiers, il est en relations avec les Bourlemont et les Joinville : pour connaître tous ceux qu'elle doit mener à la victoire, Jeanne n'aura qu'à regarder.

Domrémy, enfin, n'est pas davantage le pays perdu qu'on pourrait croire; devant la maison même des d'Arc passe une des routes les plus fréquentées de France; toutes les nouvelles de la grande guerre y sont vite apportées par le marchand qui passe, ou le moine mendiant qui quête : pour apprendre tous nos malheurs, Jeanne n'aura qu'à prêter l'oreille.

Ah! que la Providence est une habile maîtresse! Voyez, Messieurs, comme elle a tout prévu, tout préparé! Tout sert entre ses mains puissantes, tout concourt à ses desseins cachés, et des moindres circonstances elle tire les grands effets qu'elle a voulus.

Que d'âmes, pourtant, même en un tel milieu, ne se développeraient pas dans le sens qu'elle désire! Dieu va donner à celle-ci l'énergie virile des guerriers, la douce piété des Anges, et pour l'entraîner tout entière vers la fin qu'il lui a marquée, cette forme exquise et suprême de la charité : la pitié, qui, après avoir donné un Rédempteur au monde, va donner une libératrice à la France.

Toujours dehors au grand air des champs, Jeanne grandit, comme les jeunes chênes du bois voisin, sous les chauds rayons de l'été ou dans les âpres bises de l'hiver, à la pure lumière du ciel. Ses premiers jeux sont des courses à la fontaine ou des rondes sous l'arbre des Fées. Et bientôt le labeur aide à la nature : l'enfant s'emploie à tout, elle est aux soins du ménage avec sa mère, aux travaux des champs avec son père, et le soir à ses fuseaux avec la joyeuse assemblée des voisins : travaille, enfant, travaille ! c'est ainsi que Dieu forma toujours la vigueur du soldat.

Son âme se fortifie en même temps que son corps : l'église est au bout de son jardin ; elle y va sans cesse, assiste à la messe tous les jours, et se confesse tous les mois ; l'exercice de la présence de Dieu la ravit, et elle s'arrête souvent dans son travail pour l'adorer ; elle aime la visite au Saint-Sacrement, et, dès qu'elle est libre, on la voit à ses pieds ; son plus grand plaisir est d'aller, avec sa grande sœur, mettre des guirlandes aux statues de sainte Marguerite et de sainte Catherine, ou parer tous les samedis l'autel de la Vierge. Quelques-uns diront peut-être que c'est là une piété bien formaliste, mais une expérience séculaire, Messieurs, montre que Dieu n'entre pas autrement dans les jeunes âmes.

Et quand il y est, quelles vertus n'y met-il pas? Celle de Jeanne enfant fut avant tout la charité. Habituée de bonne heure à compatir aux souffrances de sa sœur, qui, s'éteignant en pleine jeunesse, lui apprit si tôt la croix et la mort, elle ne peut voir une misère sans en tressaillir, et quand un pauvre mendiant n'aura pas où coucher, elle lui cédera son lit pour dormir elle-même au coin de l'âtre.

Mais que sont ces infortunes de quelques-uns auprès des malheurs de tous? Quel frémissement dans son âme à la nouvelle des hontes et des désastres qui s'abattent sur le pays tout entier! Ah! Messieurs, même aux regards d'une enfant qui ne peut voir l'ensemble des misères ni comprendre la profondeur des chutes, c'était « *grand pitié* » que la France d'alors! Autour de Jeanne, partout des guerres privées, au sein même de la guerre étrangère : guerre entre Robert de Saarbrück et ceux de Saint-Dié : le mari d'une de ses marraines y est fait prisonnier ; guerre entre l'évêque de son diocèse et Colard de Farcy ; guerre entre Pierre de Luxembourg et le cardinal de Bar ; des chevauchées continuelles à travers le bailliage de Chaumont ; ce sont tantôt les Armagnacs, avec La Hire, qui brûlent vingt villages au Barois, le pays de sa mère, tantôt les Anglo-Bourguignons, avec Jean de Salins, qui assiègent Sermaize, la paroisse de son oncle, et qui tuent le mari de Mengotte, sa cousine germaine. Avec tout cela, le bruit confus des défaites lointaines : le désastre de Verneuil, l'assaut de Sézanne, la capitulation de Guise, malheurs sur malheurs ! hontes sur hontes ! Son père en a frémi ; toujours en bataille avec les petits Bourguignons du village voisin, ses jeunes frères ont senti croître leur rage, et Jeanne, qui les regarde, pleure en silence.

Oh ! comme elle plaint ce « *petit Dauphin* », ainsi qu'on l'appelle dans la vallée, dont tout le monde au village vante la sagesse précoce, la foi vive et la pureté encore intacte, fils infortuné d'un père insensé, pieux adolescent que sa mère a maudit, mais que dirige encore une sainte reine, et qui paraît là-bas, vu de loin par l'amour, aussi beau que la patrie est malheureuse !

Hélas ! sera-t-il jamais roi ? Entends-tu, Jeanne, ce que disent les passants ? Ils disent qu'il n'a plus guère au nord de la Loire que ton pays et le Mont-Saint-Michel, que le Mont va céder et que l'Anglais arrive dans ta vallée ! L'Anglais ? Hélas ! le voilà ! Pendant que le vent du Nord apporte jusqu'à Domrémy le bruit du canon qui tonne contre Vaucouleurs, un parti d'ennemis tombe sur le village et en enlève tous les troupeaux. C'est la ruine ! Donc, Messieurs, c'est l'heure de Dieu !

Il fait briller une soudaine éclaircie dans ce ciel d'orage. Vaucouleurs est dégagé, ses brebis sont ramenées à Jeanne, et l'on apprend que le Mont-Saint-Michel est délivré. Puis, quand elle a été ainsi préparée à croire aux résurrections, faite à tous les malheurs et prête à toutes les espérances, habituée à voir les hommes tout perdre et la Providence tout refaire, trop jeune avec ses onze ans pour parler d'impossibilités, assez âgée pour entrer en de grands desseins, pure comme il convient pour parler aux

Anges, simple comme il faut l'être pour comprendre Dieu, après toutes les Voix de la terre, il va lui faire entendre les Voix du Ciel !

« *Jeanne ! Jeanne ! Jeanne ! sois bonne et pieuse ! Va souvent à l'église !* » C'était une belle voix qui parlait au fond du jardin, et, bien qu'on fût à midi et en été, au sein même de la clarté du jour et plus vive qu'elle, resplendissait une grande lumière. L'enfant eut peur, mais en même temps, il y eut dans son âme un sentiment si profond de la pureté divine de cette voix, que tombant à genoux, elle fit dès lors à Dieu le vœu de lui consacrer sa virginité, et la paix succédant à la peur, elle se releva toute à lui. Oh ! la simple et belle chose ! Et comme il est doux d'y croire !

Certes, Dieu avait admirablement préparé sa venue, mais qui donc a dit que ces Voix n'étaient que l'effet d'un patriotisme exalté ? A la première rencontre de Jeanne avec l'Apparition, il ne se dit pas un mot de la France. Qui donc a dit aussi qu'elles étaient le produit d'une imagination vive, hantée du nom de saint Michel ? L'enfant ne saura qu'à la troisième vision quel est l'Ange qui lui parle. Comment enfin a-t-on pu soutenir que c'était une hallucination, quand on voit la suite de cette première entrevue ?

Car l'Ange revient, et ce n'est pas seulement une voix qui résonne avec une clarté qui jaillit ; c'est un visage céleste avec cent autres Anges qui l'environnent. « *Je les ai vus des yeux de mon corps aussi bien que je vous vois,* disait Jeanne d'Arc à ses juges, *et lorsqu'ils s'en allaient, je pleurais et j'aurais bien voulu qu'ils me prissent avec eux.* » Faut-il d'autres preuves que la parole de Jeanne ? Pour écarter tout soupçon d'illusion, que peut demander encore la critique la plus exigeante ? Faut-il que l'apparition change de forme et de lieu ? Voici deux saintes du Ciel qui viennent après les Anges, et Jeanne les rencontre partout : dans les champs comme au jardin, dans les bois comme à la maison ! Faut-il que tous ses sens soient pris et pris ensemble ? Non seulement Jeanne voit ses saintes et les entend, mais elle devient tellement leur amie, qu'elle les embrasse à chaque fois qu'elle les quitte, et, dit-elle plus tard, toute ravie encore de ces célestes tendresses, « *elles fleuraient bon !* » Faut-il que ces faits se répètent souvent et longtemps ? Elles se voient trois ou quatre fois par semaine, comme des amies intimes, et cela dure toute une vie ! Que vous dirai-je enfin ? Tout cela est si réel qu'il s'agit pour Jeanne de personnes vues, entendues, senties, touchées, et en même temps tout cela est si immatériel, que pour exprimer ces choses, elle n'emploie jamais que ce terme aérien de « voix », le plus dégagé des sens, et, pour ainsi dire, le plus spirituel des noms qui servent à désigner des choses sensibles !

Au moins y aura-t-il quelque trace de la poussée inconsciente d'une fatalité quelconque ? Nulle contrainte ! Ce n'est pas une aveugle impulsion qu'elle subit, c'est une éducation qu'elle reçoit. Ne croyez pas, Messieurs, que les saintes lui parlent uniquement de la grande pitié qui est au royaume de France ! Rien qui ressemble à une idée fixe. Elles lui parlent « *sur toutes choses* », nous dit Jeanne elle-même, « *de piété et de bonne doctrine* ». Remarquez-vous encore comme elle leur fait naïvement part des difficultés qu'elle redoute, et comment les voix, avec une condescendance égale à sa candeur, prennent la peine de lui en exposer la solution ? Enfin, suivez de près la suite de leurs discours, et vous serez stupéfaits de voir jusqu'à quel point elles se conforment aux règles d'une logique absolument rigoureuse, préparant son cœur avant d'éclairer son intelligence, et ne commandant à sa volonté, ne faisant entendre ce « va » impérieux qui est l'ordre du Ciel, qu'après avoir donné à sa raison tous les renseignements et toutes les explications dont elle a besoin. Même alors, avec quelle sagesse elles procèdent ! Ce sont d'abord des généralités : « *Va en France ! Va en France !* » Les détails ne viennent qu'après : « *Va trouver Robert de*

Baudricourt ! » Et c'est seulement à mesure qu'elles deviennent plus précises que les Voix deviennent plus pressantes. Oh ! comme c'est bien là la prudence du Ciel ! De même que le travail de la nature a, comme c'est normal, précédé celui de la grâce, la grâce aussi observe des degrés et suit des règles ; nul coup de foudre, un esprit de suite admirable, et jusqu'au sein de l'inspiration, tant il est vrai qu'elle est divine, l'ordre rigoureux de la raison !

Aussi, quelle sûreté dans ce travail surnaturel ! Comme la voilà vite transformée, l'humble fille de Jacques d'Arc ! Quelle différence entre l'enfant qui tremblait de peur à la première apparition, et celle qui, habituée maintenant à la grande Voix du Ciel, va braver toutes les contradictions de la terre ! Elle ne s'effraye plus de Dieu même, comment craindrait-elle les hommes ? Elle s'est trouvée cent fois au milieu des Anges, quelle cour humaine pourrait la troubler ? Familière du chef incomparable de l'armée céleste, quel conseil de capitaines pourrait la déconcerter ? Vous vous étonnerez bientôt de son assurance, Messieurs ; rappelez-vous alors dans quel milieu sa jeunesse a été élevée, et vous vous expliquerez sans peine cette inexplicable conduite.

Un dernier malheur de son pays et un suprême appel d'en haut achevèrent l'œuvre de la Providence : l'ennemi reparaît à Domrémy, tous les habitants de la vallée s'enfuient à Neufchâteau, et quand ils reviennent, voici ce qu'ils trouvent : des champs ravagés, un village incendié, une église qui s'effondre ! Oh ! comme la Voix des Anges trouve un écho sinistre dans ces ruines ! « *Va, fille de Dieu, va !* » Jeanne n'y peut plus tenir, une divine impatience l'a envahie tout entière. Le moment n'est-il pas venu ? Ne dit-on pas qu'Orléans est assiégé et que c'en est fait du Dauphin si Orléans succombe ? « *Va*, disent les Voix, *va !* » Ah ! « *quand elle aurait cent pères et cent mères,* » elle partira.

La voyez-vous, Messieurs, devant Robert de Baudricourt ? Quelle autorité dans ses démarches ! Quelle fermeté dans ses promesses ! Le peuple s'ébranle ; toujours prêts à croire aux grandes choses, les soldats lui font le serment de la conduire au roi ; le capitaine cède, et encore rempli d'une incurable défiance, mais ravi aussi d'admiration pour tant d'audace, il lui donne, avec une lettre de créance, l'épée qu'il porte lui-même. « *Va*, lui dit-il, *et advienne que pourra !* »

Oui, va, fille de Dieu, et viens nous sauver ! Nous n'avons pas, nous, les défiances de Baudricourt. Tu dis que tu vois des Anges ? Eh bien ! Jeanne, nous te croyons.

Sans doute, Messieurs, ce n'est pas notre raison qui nous les montre autour d'elle, mais n'est-il pas évident, après tout ce que nous venons de voir, qu'il y a une autre lumière que celle-là, et plus haute et plus belle ? Il n'y a pas que le soleil à nous faire voir le monde, il n'y a pas que la raison à nous faire connaître le vrai. Certes, l'astre qui brille en ce moment éclaire admirablement notre petit horizon, il nous fait voir dans tous ses détails l'étroit coin de terre où nous sommes ; et, qu'il s'appelle l'Aurore, ou le Midi, ou le Crépuscule, il a toujours des beautés qui nous ravissent ; mais ne voyez-vous pas que sa clarté même nous empêche de voir un spectacle plus beau encore ? Nous croyions que plus il jetterait de rayons, mieux nous verrions le monde : c'était une erreur ! Il faut qu'il s'éteigne pour qu'au firmament s'allument les étoiles. Chose étrange, c'est son éclat qui gêne et aveugle nos regards ; mille astres sont là-haut qui nous regardent et nous ne les voyons pas : il y a trop de lumière ! Qu'elle disparaisse, et voilà qu'à nos yeux se révèle un nouvel univers. Le soleil ne nous laissait voir qu'un peu de la terre ; telle la raison ne nous fait connaître qu'un peu de l'homme. Seule, une nuit étoilée étale à nos regards l'immensité des mondes ; telle la foi seule nous fait connaître le monde invisible. Ah !

je me défie des lumières qui cachent le ciel, et je préfère la nuit magnifique où luit ma foi au plus beau de ces jours aveuglants, où je vois le genre humain tâtonner en criant à la lumière.

Va donc, Jeanne ; où les autres ne voient que ténèbres autour de toi, nous voyons, nous, briller des Anges ! Va, nous te croyons, te dis-je, et, nous agenouillant sur ton passage, nous disons tous à tes célestes compagnons, à ton Archange saint Michel, à tes saintes, Catherine et Marguerite, et par-dessus tout à ton Seigneur qui les a envoyés, le même merci qu'à toi ; merci d'avoir au Ciel pensé à la France ; merci de te l'avoir fait aimer comme tu l'as aimée ; merci de t'avoir donné, à toi, pauvre enfant, l'idée sublime de la sauver !

II

Au milieu d'une vaste plaine, environné partout d'ossements desséchés qui jonchent la terre jusqu'au bout de l'horizon, seul debout entre mille morts, un homme, un prophète regarde et écoute. Tout à coup une voix a retenti dans la nue : « *Fils de l'homme, prophétise et dis-leur : Os arides, écoutez la parole du Seigneur !* » et il cria : « *Os arides, écoutez la parole du Seigneur !* » et un souffle de tempête passa sur cette terre blanchie d'os ; ils se sont tous relevés, et voilà une armée où gisaient tous ces morts !

« Ces ossements, s'écriait Ézéchiel, en racontant sa vision, c'est la maison d'Israël ! » Ah ! Messieurs, ce vaste champ de morts, c'était tout aussi bien la France quand, au milieu d'elle, se leva Jeanne d'Arc, et je ne sais pas dans toutes nos Écritures de comparaison qui en dépeigne mieux le lamentable état et la surprenante renaissance.

Oui, il y eut dans notre histoire une époque funèbre où, semble-t-il, la patrie était morte, où, pliant sous le poids terrible de soixante-quinze ans de défaites, matés par vingt invasions, sans argent, sans armée, quelquefois sans honneur, avec une noblesse ou captive ou ruinée, enveloppée tout entière dans les deuils et les hontes de Crécy, de Poitiers et d'Azincourt, avec des princes qui s'entr'égorgent et s'amusent, nous subissions l'Anglais à Bordeaux, à Rouen, à Reims et jusqu'à Paris, ou bien, luttant sans espoir à Orléans, nous disions nous-mêmes de nous-mêmes, non plus la France, mais le parti de France ! Tant il est vrai que nous cessions d'être un peuple ! Que dis-je ? Ce nom même de français ne restait plus aux fidèles du roi de Bourges : ce n'était plus que le parti d'Armagnac ! La France descendait au tombeau !

Mais la Voix de Dieu a retenti et les miracles vont lui répondre. La Patrie va ressusciter et de ce tombeau la Victoire et la Sainteté vont se lever radieuses !

Sur quoi compte donc Jeanne pour rendre la vie à ce peuple mort ? Sur les moyens surnaturels, Messieurs.

C'est une guerre sainte qu'elle entreprend ! Jésus-Christ n'est-il pas, comme elle le proclame, le premier Roi du Royaume ? Ravir injustement de son territoire à un peuple, n'est-ce pas un péché qui offense Dieu autant que ce peuple lui-même ? Oh ! comme elle s'indignerait d'entendre dire qu'elle ne vient remplir qu'une mission terrestre ! Non, faire triompher le droit, ce n'est pas une œuvre profane ! Que faisait donc Dieu quand il disait sur le Sinaï : « *Tu ne prendras pas le bien d'autrui ?* » Et que ferez-vous, soldats, le jour où vous irez reprendre le nôtre ? Sachant qu'elle combat pour le Ciel, Jeanne a mis sa confiance en lui !

Faut-il vous rappeler comment, en quittant Vaucouleurs, elle plaçait toutes ses espérances dans ce grand jubilé de Notre-Dame du Puy, qu'elle attendait, comme tous les bons Français d'alors, avec tant d'impatience? Qui ne sait aussi l'importance qu'eut toujours à ses yeux, pour le salut de son pays, la dévotion, si récente encore, et déjà si populaire, à ces saints noms de Jésus et de Marie, qu'elle va faire peindre sur son étendard?

Je ne vous redirai pas davantage de quelle manière surnaturelle Jeanne évita les embuscades qu'on lui tendit en route, s'imposa au roi à Chinon, triompha des docteurs à Poitiers, et finit par se faire nommer chef de guerre, elle, pauvre paysanne, inconnue la veille encore !

Mais voyez comment elle prépare ses troupes à la bataille. Ah! elle ne s'arrête pas longtemps à regarder comment l'on est armé! Dans le soldat, elle va droit à l'âme : c'est là qu'elle cherche la victoire! La discipline qu'elle lui impose, c'est la piété; les exercices qu'elle lui fait faire, les voici : matin et soir, les prêtres s'assemblent autour de l'image franciscaine de Jésus crucifié, et Jeanne chante avec eux des hymnes en l'honneur de Notre-Dame et de Notre-Seigneur. Les hommes d'armes accouraient pour prendre part à ces prières, mais elle les renvoyait gaîment : « *Confessez-vous*, leur disait-elle, *et vous serez admis dans notre confrérie!* » Tous le firent, Messieurs, on ne jura plus, on ne s'enivra plus, on renvoya les « *folles filles* », on fit mieux encore : tous communièrent ! Et maintenant, Français, en avant! Oh! le beau spectacle ! Je vois marcher ensemble les prêtres et les soldats, flotter côte à côte les saintes bannières et le drapeau de la patrie, monter ensemble vers le ciel les chants sacrés et les cris de guerre ! Le bel et noble exemple ! Et comme on est fier d'appartenir à une ville dont les magistrats, depuis plus de quatre cents ans, n'ont jamais voulu s'en écarter ! Mais que disait donc la Pucelle, qu'elle donnerait son signe devant Orléans? La conversion de ces vieilles bandes n'est-elle pas déjà un miracle? Ah! la victoire qu'elle a remportée sur ses propres soldats nous dit assez de quel ordre vont être celles qu'elle remportera sur l'Anglais!

Non, ce n'est pas un libérateur humain, Orléanais, qui entre ainsi dans votre cité, avec cette escorte de moines et ces saintes bannières, et qui s'en vient, au chant des cantiques et au son des cloches, s'agenouiller dans ce temple avant d'aller combattre pour vous! Oui, vraiment, c'est, comme vous le dites, « Dieu même descendu parmi vous! »

Voyez-vous cette nouvelle manière de vaincre? Même après la prise de Saint-Loup et des Augustins, la plus élémentaire prudence commande de ne pas attaquer ces formidables Tourelles, qui sont, de l'aveu de tous, la plus terrible forteresse qu'on ait élevée dans toutes ces guerres, et cette enfant y va! « *Vous avez été à votre conseil*, dit-elle aux chefs, *et moi j'ai été au mien, et le conseil de Dieu tiendra, non le vôtre!* » Elle y va et elle triomphe! Comment elle le fit, ce sera l'éternel étonnement des siècles! Elle est blessée, elle a pleuré, elle a prié, voilà comme elle force la victoire! Ses saintes l'ont promise à ses larmes, et elle accourt la chercher comme une chose convenue. « *Quand mon étendard touchera la muraille*, s'écrie-t-elle, *entrez hardiment, tout est vôtre!* » Il y touche et l'on entre! Le lendemain, il n'y a plus d'Anglais sous vos murs, et elle vous fait quitter vos remparts pour aller dans vos églises remercier Dieu.

En trois coups d'épée, une jeune fille, général à dix-sept ans, a terminé un siège que l'Angleterre avait préparé pendant plus d'une année, et qui tenait l'Europe en suspens depuis sept mois! Est-ce naturel, Messieurs? Cela ne le parut point, et l'humble enfant eut, dès lors, un renom miraculeux! Car si Domrémy fut le berceau de sa vie, c'est ici, Messieurs, qu'elle naquit à cette immortalité que donnent les prodiges, à jamais unie à vous par ces liens de l'honneur et de la religion qui sont plus forts que ceux mêmes du sang, votre sœur de gloire, Orléanais! L'histoire ne s'y est pas trompée ! Vous êtes toujours la ville de la Pucelle, Jeanne est toujours la Pucelle d'Orléans, et vos deux noms, le sien et le vôtre, ont toujours eu depuis lors quelque chose de sacré !

Faut-il s'étonner après cela que vous la compreniez si bien ? Ce n'est pas à vous qu'il faut dire que l'exaltation fit tout dans ces incroyables victoires. Certes, le courage de vos pères fut admirable, mais si vous en êtes justement fiers, vous proclamez aussi bien haut qu'en ces jours-là il s'est surpassé, que ce surcroit d'ardeur et d'énergie venait tout entier de leur foi dans les prophéties de Jeanne, et qu'ainsi, dans cette merveilleuse histoire, tout, de près ou de loin, se rattache au ciel même ! Tout vient de Jeanne, et Jeanne vient de Dieu ; voilà, en deux mots, l'idée qu'Orléans s'est toujours faite de sa délivrance, et voilà pourquoi vous avez raison, Messieurs, de venir aujourd'hui remercier du courage même de vos aïeux Celui qui leur en envoya l'inspiratrice, et qui, préparant les effets dans les causes les plus éloignées, assurait votre victoire des Tourelles dans les champs de Domrémy, faisant naître à nouveau la France avec toutes ses destinées du « Va » qu'il dit à Jeanne, de cette grande et simple manière de faire les grandes choses avec rien, où l'on reconnaît toujours celui qui fit sortir la terre avec toutes ses révolutions du *Fiat* qui commença l'univers.

Car c'était bien une résurrection, Messieurs ! En sauvant une ville qui en est le cœur, Jeanne a redonné la vie à la France. Attendez encore un peu, et cette flamme divine va s'étendre à tout, ranimer tout, et remettre à jamais debout, avec la beauté triste de ceux qui reviennent des portes de la mort, la grande nation qui gisait abattue.

« *A Reims, gentil sire, à Reims !* »

Le roi veut qu'elle prenne encore Jargeau, Beaugency

et Meung! Qu'à cela ne tienne s'il doit la suivre ensuite! En quatre jours les voilà prises, comme elle avait dit!

On lui objecte qu'une armée anglaise tient la campagne! Elle va gaiment la trouver. « *Avez-vous de bons éperons?* dit-elle à d'Alençon. — *Eh quoi! Jeanne, pour fuir? — En nom Dieu, non, ce sont les Anglais qui fuiront, et il nous faudra de bons éperons pour les poursuivre!* » Elle dit, et la panique saisit les troupes de Talbot, il n'y a plus qu'à tuer ou à prendre; ce n'est plus une bataille, c'est la chasse sanglante de Patay! A-t-elle réalisé sa prophétie, Messieurs?

Il faut que Charles cède! Malgré toutes les impossibilités d'un pareil voyage, entrepris contre toutes les règles de la prudence humaine à travers un pays ennemi, sans provisions, et si loin des villes fidèles, Jeanne le conduit comme par la main à Auxerre, à Troyes, à Châlons, et le fait entrer enfin dans la ville de Reims, toute stupéfaite de voir un Roi qu'une enfant lui amène ainsi!

Comment dépeindre les fêtes du lendemain? Entendez-vous les trompettes du sacre? Quelles acclamations y répondent au sein de la vaste basilique, et quels cris de joie dans le peuple qui l'environne! Oh! le touchant spectacle! Je vois près de l'autel un Roi, un Pontife et une enfant! Jours glorieux de Clovis, de Rémy et de Clotilde, vous voilà donc enfin revenus! Mais quoi? Jeanne a pleuré, elle s'est jetée aux pieds de son prince, elle lui embrasse les genoux; écoutez, elle parle : « *Gentil Roi, ores est exécuté le plaisir de Dieu, qui voulait que vous vinssiez à Reims recevoir votre digne sacre, en montrant que vous êtes vrai roi, et celui auquel le royaume doit appartenir.* » De grosses larmes inondent son visage radieux, tous ceux qui sont là pleurent aussi! Ah! pleurez tous, soldats et peuple, c'est si divin, tout cela! Vous rappelez-vous Crécy, Poitiers, Azincourt, et la folie du père de celui qu'on vient de sacrer, et la vente de ce royaume par la Bavaroise Isabeau, et la détresse de Charles, quand il pensait, il y a deux mois, à s'enfuir en Écosse! Soldats de la Pucelle, vous rappelez-vous tout cela? Quel changement et quel triomphe! Vive Dieu! si ce n'est pas l'œuvre d'en haut, comme l'affirme celle qui a tout conduit, s'il faut trouver le principe de ces merveilles ailleurs que dans la grâce du ciel, ah! voilons-nous la face! Car que dirons-nous pour expliquer le plus beau des grands jours de notre histoire? Quoi! toutes ces belles choses ne viennent après tout que des hallucinations d'une pauvre fille qui a cru entendre des Voix, et qui a cru faire des Signes! Quoi! je tiens ma patrie d'une folle! Ah! Messieurs, j'en rougis! Non! non! je tiens ma patrie d'une sainte! Et Jeanne est un plus grand miracle que ses Signes eux-mêmes.

Plus belle que ses victoires, elle semble, en ses vêtements blancs, une apparition du ciel! Est-ce l'âme de la patrie? Est-ce une sœur des saintes et des séraphins? C'est « *l'Angélique* », murmure autour d'elle la foule ravie; le peuple croit voir un être surnaturel descendu des Cieux, et toujours prêt à y remonter; en vain leur dit-elle avec son plus fin sourire : « *Approchez, bonnes gens, je ne m'envolerai pas;* » pour eux, c'est un Esprit qui passe, et ils se signent en l'approchant. Que dis-je? Ceux mêmes qui savent combien cet Ange est femme, ces rudes soldats qui ont vu couler ses pleurs et son sang, ne parlent pas autrement que le peuple; ils croient respirer autour d'elle le parfum des lys.

O Jeanne! comment fais-tu donc pour être si belle? « *J'aime Dieu, nous dit-elle, de tout mon cœur.* » Voilà tout son secret, Messieurs. Elle a fondu sa vie avec celle de Jésus-Christ; si elle combat, c'est pour ce Roi; si elle triomphe, elle en bénit sa main; son nom est sans cesse sur ses lèvres; et au fond de tout, c'est lui qu'elle voit. La France? c'est le royaume de Jésus; le Roi? c'est le lieutenant de Jésus; la victoire? c'est le signe de Jésus. Et à qui va-t-elle s'unir tous les matins? A qui va-t-elle parler tous les soirs? Devant qui va-t-elle de préférence verser ses larmes? Pour qui ses jeûnes multipliés, ses confessions quotidiennes et ses prières de tous les instants? Est-il étonnant, après cela, qu'elle en ait été si ardemment aimée? Pour nous, qui le savons présent dans nos tabernacles, ah! qu'il nous est doux de le voir la façonner peu à peu à sa divine ressemblance, faisant grandir son âme autant que la France, et y mettant des vertus si hautes que, même à Domrémy, nous n'en soupçonnions pas la perfection!

Ne craignez pas qu'il vous la change, Messieurs; elle reste bien jeune fille avec sa naïveté charmante et son enjouement gracieux; elle reste bien Française aussi; quel bon sens et quelle finesse! Quel franc rire dans la bataille! Quelle bonne humeur en tout ce qu'elle fait! Elle reste bien elle-même enfin, avec l'esprit des Champenois et la froide volonté des Lorrains, ignorante et géniale, enthousiaste et prudente, active et recueillie, toujours aussi prête à pleurer qu'à sourire, la fille au grand cœur rempli d'une immense pitié, la vierge aux grandes vues qui sait comprendre les plus vastes desseins.

Seulement, à tous ces dons naturels du plus précoce génie qui fut jamais, Jésus-Christ a mêlé je ne sais quoi de céleste, qui leur donne un charme nouveau; une vie divine a pénétré cette âme, la sainteté s'y est unie à l'héroïsme et au génie, au point d'en devenir la forme ordinaire, et Dieu l'a si complètement envahie que vraiment on ne sait plus ce qui relève en elle de la simple nature. Ces audaces viriles d'une jeune fille, ces manœuvres d'une habileté si étonnante, ces mots sublimes et simples qui enlèvent le soldat et ravissent les chefs, cet art merveilleux qu'elle a toujours eu, sans l'avoir jamais appris, de disposer ses hommes et ses pièces avec la sûreté des vieux capitaines, est-ce intuition du génie? est-ce inspiration du ciel? est-ce l'un et l'autre? Tout se fond en un dans cette âme simple!

Mais il est des vertus qui relèvent exclusivement de la grâce ; Jeanne les a toutes, et toutes dans cette perfection que donnent au bien même la mesure et la sagesse, alliant une pureté angélique aux hardiesses les plus rares, l'humilité d'une villageoise à la fierté d'une princesse, et la charité à la guerre même.

Chaste sans pruderie, elle met sans trembler sa main virginale dans la rude main des La Hire et des Xaintrailles ; hardiment vêtue en homme, elle traverse les camps, moins comme une femme que comme un ange ; et l'on a ce spectacle inouï d'une jeune fille soldat, qui n'est point dans l'armée la pierre de scandale, mais l'Arche sainte où repose le Dieu vivant.

Lui était-il plus facile de rester humble, quand elle voyait les foules s'agenouiller devant elle, les villes lui envoyer des messages, et le roi même lui donner le train d'un prince ? Transportée tout d'un coup du milieu de ses champs au milieu de tant de gloire, ne va-t-elle pas, Messieurs, être prise de ce terrible vertige qui fait tomber les Anges ? Mon fait n'est qu'un ministère, dit-elle à tout venant ; son seul rêve est d'avoir une place « *en Paradis* », et toute son ambition sur terre, de revoir au plus tôt son village ; en attendant, elle se mêle le plus qu'elle peut aux pauvres gens, elle s'entoure de moines mendiants, et n'est jamais si heureuse que les jours où elle peut communier au milieu des jeunes clercs qu'ils élèvent pour le sanctuaire. Mais voyez-vous comme cette humilité diffère des sentiments pusillanimes et bas qu'on appelle si souvent de ce grand nom ? Elle proclame hautement avec la Vierge que le Seigneur a fait de grandes choses par elle, et assez humble pour ne pas s'effaroucher de la gloire, elle l'affronte gaîment. Chevaux de luxe, riches vêtements, pages, écuyers, suite nombreuse, elle accepte tout de son prince sans jamais rougir de ce qu'il lui donne, échange des cadeaux comme une princesse avec les plus grandes dames du royaume, parle aux généraux comme un roi, et au roi comme un Dieu ! Non, jamais il n'y eut tant d'aisance dans la gloire ! Jamais on n'a mieux compris cette fière humilité du Christ, qui, nous faisant courber le front devant Dieu seul, ne craint pas l'honneur quand il suit la peine.

Bonne comme elle est simple, avec le bon sens des vertus parfaites, elle a toute la douceur du Christ quand elle parle aux humbles, et ses saintes colères quand elle brise l'épée de Fierbois sur le dos d'une impudique ; elle a ses tendresses attristées pour les foules quand elle traverse la France en pleurant sur ses malheurs, et son indignation contre toutes les injustices quand elle somme l'étranger d'avoir à quitter notre pays ; que dis-je ? Elle a, jusqu'au sein de la guerre même, son universelle charité. Vous pouvez l'aimer, Anglais, elle ne vous hait point ! Elle vous offre toujours la paix, elle a soigné vos blessés, consolé vos soldats captifs, et pleuré sur vos morts ; le glaive qu'elle porte nous montre, à nous, le chemin de l'honneur, mais n'a jamais répandu votre sang, et la sublime enfant rêve de vous entraîner un jour en de nouvelles croisades, avec elle et avec nous, tous la main dans la main, sous le même drapeau de notre commun roi : Jésus-Christ ! Ah ! sans doute, elle aimerait mieux mourir que de tomber en votre pouvoir, mais vos chefs ne l'ont-ils pas déjà menacée du bûcher ? Sans doute elle veut vous « bouter » hors de France ; mais n'est-ce pas votre devoir d'en sortir ? Nous n'avons jamais refusé notre sympathie à ceux qui défendaient leur patrie, même contre nos armes, et il est des noms d'adversaires qui ne sont point pour nous des noms d'ennemis ; de même, quand vous la connaîtrez tous, comme ces hommes éminents, qui se sont donné, dans votre pays, la noble mission de la glorifier, vous ne refuserez pas vos hommages à celle qui, en défendant son pays contre votre roi, pleura votre Glasdale, honora votre Talbot, et vous vainquit sans vous haïr ! Et quand vous saurez l'horreur que cette guerrière eut toujours pour le sang, le soin qu'elle prenait d'en arrêter l'effusion, dès qu'on était vainqueur, le peu de morts enfin que coûtèrent, grâce à cette économie sublime, la délivrance de notre pays, et, j'ose l'ajouter, la vraie grandeur du vôtre, qui a bien assez d'une Irlande, alors vous saluerez avec nous en Jeanne d'Arc l'Ange de la Paix, de la Justice et de la Liberté, qui n'apparaît dans cette guerre de cent ans que pour en diminuer l'horreur, en précipiter la fin, et en couvrir les fautes de l'éclat divin de ses vertus.

Patriote sans étroitesse de cœur, fidèle à son roi par fidélité à son Dieu, rêvant au bien de toute la chrétienté en cherchant celui de son pays, il semble qu'elle voie la terre du haut des cieux, et qu'elle juge des peuples comme en doit juger Dieu. A ces hauteurs, Messieurs, on n'appartient plus seulement à une patrie, on appartient à l'humanité tout entière !

III

Ah ! Messieurs, si seulement il n'y avait plus que des larmes à répandre !

Mais la croix de Dieu, ce n'est pas seulement la souffrance, c'est bien davantage encore la honte et le scandale ! Ce qui m'effraye le plus au Calvaire, ce n'est pas la plainte que j'y entends, est-ce que le monde entier ne gémit pas comme cela ? ce n'est pas le sang que j'y vois couler, est-ce que l'histoire n'est pas faite de cela ? c'est de me dire : celui qui pend à ce gibet, c'est Dieu fait chair, Dieu venu pour sauver le monde et crucifié par lui, repoussé par le peuple même dont il est le Messie, envahi, lui qui est le Ciel, par l'ennui, la tristesse et le dégoût, abandonné de ses Anges, abandonné de ses forces, tombé trois fois sous le poids de l'arbre, et laissant clouer ses mains impuissantes, quand c'est lui qui soutient les mondes ! Ces abandons, ces faiblesses, ces hontes, et, pour parler comme l'Apôtre, ces scandales, voilà ce qui m'effraye !

La vraie Croix de Dieu, Messieurs, c'est cela ! Ce fut la tienne, infortunée jeune fille ! O toi qui t'élevais comme l'étoile du matin, comment es-tu tombée si bas ? Où te vois-je ? Et qu'es-tu devenue ? Jeanne, toi qui étais la Victoire, est-ce toi que je vois fuir et être prise ? Est-ce toi que je vois si indignement trompée par tes ennemis, surprise un jour dans une abjuration, exposée à tant de griefs qu'à côté de ceux qui te trahirent il y eut de tes juges qui s'y trompèrent, et finissant enfin sur un bûcher d'hérétique, ô Jeanne, toi que je croyais la sainteté. O Jeanne, est-ce toi ?

Oui, Messieurs, c'est bien elle, et c'est bien Dieu aussi ! Oh ! comme je suis réconforté de penser que plus elle va s'enfoncer dans l'ignominie, plus elle va ressembler à Celui que j'adore !

Va, Jeanne, va, de chute en chute, comme naguère de victoire en victoire; nous te suivrons jusqu'au bout; si tu es vraiment grande, il faut que tu scandalises les faibles ; il faut que ta fin jette l'effroi dans nos consciences, comme le frisson dans notre chair, que notre pitié même se trouve traversée par des craintes, et notre admiration par des étonnements; va, Jeanne, nous te suivrons, te dis-je, bien assurés de trouver au fond de l'abîme où tu vas descendre peu à peu le Dieu puissant qui, t'ayant faite si grande, a voulu égaler tes humiliations à tes triomphes. Tes miracles ne le faisaient pas ressortir en ton âme aussi bien que va le faire la honte de ton délaissement, de ta captivité et de ton supplice.

Mais faut-il parler de ces choses ? Faut-il dire que le roi se lassa d'entrer dans tant de places, et qu'à la guerre avec Jeanne il préféra le repos avec La Trémouille ? Pour prendre Paris, il n'avait plus qu'à étendre la main, il ne voulut pas s'en donner la peine; en vain l'héroïne blessée s'écrie-t-elle : « *Entrez, entrez, la place est prise !* » Ah ! Orléanais, que n'étiez-vous là ? Quand tout semblait perdu aux Tourelles, au moment qu'elle vous dit : « *Entrez, tout est vôtre !* » vous êtes entrés et tout fut vôtre ! Eux, ils la laissèrent toute seule devant la ville !

Un échec? Est-ce possible? Frémissante, elle repart le lendemain; ah! cette fois, elle aura Paris!... Arrête, Jeanne; mécontent de ton audace, le roi vient de signer une trêve de plusieurs mois ! Et tu ne peux plus faire un pas sans violer le serment de la France !

La voyez-vous, Messieurs, qui pleure et suspend à Saint-Denis son armure désormais inutile? Son beau plan de guerre, le plan des Anges, suivant lequel, après avoir refoulé les Anglais de la Loire sur la Seine, elle devait les rejeter de la Seine sur la mer, est à jamais abandonné ! Sa belle armée est licenciée : adieu, d'Alençon ; adieu, La Hire, et ceux de la Bretagne, et ceux du Midi. La grande guerre est finie, et les Voix, n'étant plus écoutées, n'ont plus qu'à se taire sur le fait des armes.

Elles ne disent plus qu'une chose : « A Paris, le roi ! à Paris ! » Mais Charles ne veut pas ! Et devant la volonté libre d'un homme, Messieurs, Dieu lui-même, Dieu, qui mène les mondes, s'arrêta toujours ! Jeanne ne fera donc pas ce qu'elle devait faire : avec assez de forces surnaturelles pour délivrer la France entière, il faut qu'elle comprime ses énergies impatientes, et qu'ayant la certitude de pouvoir tout finir, elle ait la honte de s'arrêter. Oh ! comme ce martyre de la force impuissante me scandaliserait si je ne voyais mon Dieu lui-même pleurer aussi sur sa ville qu'il ne put pas sauver ! Mais comme elle dut souffrir, la sainte Envoyée du ciel, quand elle se vit employée par son prince, en cette petite guerre contre de petites places, où vraiment je n'ai plus le courage de la suivre, malgré ses prodiges de valeur, tant cela ressemble à une aventure !

Ah! c'en est trop! Il a beau en faire une comtesse et la promener avec lui de château en château; dès qu'elle apprend que la trêve de Paris expire, elle s'échappe de cette cour comme d'une insupportable prison. La voilà seule, sans direction du ciel, qui ne mène plus cette guerre, sans espoir du côté du roi, qui ne veut plus la suivre, sans armée, presque sans escorte, marchant à l'aventure sur la route de la grande ville, qui reste toujours l'objet de ses vœux! Oh! que c'est triste! Et que nous sommes loin de ces jours bénis où la Voix lui criait : « *Va, Jeanne, va !* » — « *Tu seras prise avant la Saint-Jean*, lui disent-elles à Melun; *il le faut, Jeanne, il le faut ! Prends tout en gré !* » Quelques semaines après, elle était prise à Compiègne.

Ah! oui, il le fallait! N'était-ce pas la suprême ressource de cette vie mutilée? Repoussé des Juifs, il fallait à Jésus-Christ, pour triompher quand même, la croix sanglante du Calvaire ; incomprise des siens, il fallait à Jeanne, elle aussi, pour triompher en dépit de tout, une prison et un bûcher. Qu'eût-elle fait autrement? Voyez, on ne la regrette même pas! On l'a déjà remplacée à la tête des armées, et le chancelier de France écrit que sa captivité est méritée. Avec le peuple de Tours et d'Orléans qui la pleure, il n'y a plus que les Anglais à l'apprécier pour ce qu'elle vaut. Ils l'achètent dix mille livres, le prix d'un prince, et ils vont en dépenser davantage pour le supplice qu'ils lui préparent. Jeanne le sait bien, hélas! Ne lui ont-ils pas dit devant vos murs qu'ils la brûleraient? Elle en frémit rien que d'y penser, et, croyant déjà voir les flammes monter vers elle, éperdue, elle se jette, pour les fuir, du haut de la tour de Baurevoir. O Jeanne, que fais-tu? N'entends-tu pas les doux reproches de tes saintes? Ah! ne repousse pas le calice devant lequel Dieu n'a que tremblé? Ne fuis pas le martyre, Jeanne, c'est la gloire!

En attendant, la voilà mise aux fers, enfermée avec des chaînes au cou, aux mains et aux pieds, dans une étroite cage, elle, la fille des libres plaines de Domrémy, la guerrière aux courses infatigables, l'ange au vol sublime, dans une cage! Vous frémissez, Messieurs! Rappelez-vous Dieu enchaîné.

Hélas! elle va la regretter! Là, du moins, derrière ses barreaux de fer, elle était chez elle, et la grossièreté de ses geôliers ne la blessait que de ses paroles... Mais ne parlons pas du martyre de sa virginité victorieuse, et n'entrons dans son cachot qu'avec ses juges! Ce sont des Français, et, j'en rougis, ce sont des clercs! Quand Dieu veut dresser à ses saints un calvaire plus semblable au sien, il appelle un Caïphe. Qui peut mieux que Satan faire le procès d'un Ange? Allons, évêque, procédez dans les formes et bon espoir! Ne tremblez donc pas ainsi quand elle vous dit : « *Prenez garde, évêque, prenez garde!* » Ne voyez-vous pas ce Sanhédrin qui vous approuve? Vous êtes quarante, vous êtes savants; elle est seule, elle n'a pas vingt ans, elle ne sait « ni A ni B », et Loiseleur, qui les a, vous livrera les secrets de son âme. Ah! quel « beau procès » vous allez faire!

Mais non, mon Dieu, ce n'est pas possible! Vous ne pouvez pas laisser seule votre sublime enfant! O vous qui avez dit aux martyrs de ne point chercher pour répondre, mais de s'attendre à vous pour leur défense, n'écouterez-vous pas la prière qu'elle vous fait dans son cachot? « *O très doux Seigneur,* dit-elle, *en mémoire de votre sainte Passion, je vous requiers, si vous m'aimez, que vous me révéliez comment je dois répondre à ces gens d'Église.* »

Il l'écouta, Messieurs! Voyez plutôt comme elle parle! « *Entendez-vous souvent vos Voix? — Il n'est jour que je ne les entende! — Que vous disent-elles? — De vous répondre hardiment!* » Et, sous l'éclair de son fier regard, ils ont tous pâli!

« *Mais cette Voix vient-elle de Dieu? — Oui, n'était sa grâce, je ne saurais rien faire. — Savez-vous donc si vous êtes en sa grâce? — Si je n'y suis, Dieu m'y mette; si j'y* suis, *Dieu m'y garde ! Ah ! je serais la plus dolente du monde si je savais ne pas être en la grâce de Dieu !* » Les voilà tout stupéfaits d'avoir rencontré le sublime où ils cherchaient le crime.

« *Pensez-vous qu'il arrivera mal aux Anglais ? — Avant qu'il soit sept ans, ils laisseront un plus grand gage qu'Orléans !* » On dirait qu'elle prononce une sentence et qu'elle juge son tribunal.

« *Qu'espérez-vous donc pour votre Roi ? — Je sais que mon Roi gagnera le royaume de France. — Comment le savez-vous ? — Par révélation.* » C'est sa réponse à tout. Tout ce qu'elle sait, elle le tient des anges; tout ce qu'elle a fait, elle l'a fait par leur ordre; tout ce qui la réconforte, c'est de les voir encore.

Et un jour qu'ils lui apparaissent dans la salle même du jugement, le front plongé dans cette clarté mystérieuse que donne l'extase, les yeux tout pleins du ciel qu'elle contemple, tout entière à ses esprits : « *Ils sont là*, dit-elle à ces aveugles, *ils sont là !* » Et, à l'accent de sa foi, un mouvement de terreur a fait frissonner la sombre assemblée, comme si l'éclair d'une épée vengeresse avait passé devant leurs yeux.

Déjà quelques assesseurs se sentaient ébranlés : frère Isambard, d'abord prévenu, prenait hautement la défense de l'accusée ; des Anglais s'écriaient : « Quelle brave femme ! que n'est-elle Anglaise ? » Mais vous savez, Messieurs, quel piège infernal on lui tendit pour la perdre à coup sûr. « *Vous soumettez-vous à l'Église, Jeanne ?* » Si elle cède, on décidera qu'elle a été le jouet d'une illusion ; si elle résiste, elle est hérétique, et dans les deux hypothèses elle est perdue !

La noble enfant n'hésita pas un instant, elle fit bravement son devoir, et j'admire comment la doctrine catholique, sur ce point délicat, ne fut jamais mieux exprimée que par notre sainte ignorante, quand elle s'écria fièrement, écartant d'un seul mot toute idée de révolte contre l'autorité légitime, comme aussi tout ce qui pourrait faire croire qu'elle attend une décision quelconque pour avoir dans ses Voix une foi complète et irrévocable : « *Je m'en rapporte au Pape. Notre Seigneur premier servi !* »

Ah! vraiment, tout cela est trop beau! La gloire couvre trop la honte, et je ne vois pas assez la faiblesse. J'admire, il faut que je tremble !

Son corps avait tenu bon jusqu'ici, il faut qu'il fléchisse ; elle tombe malade, et ne traîne plus qu'une vie languissante !

Son esprit avait résisté à tout, il faut qu'il se trouble, et qu'après s'être écriée fièrement dans la chambre de torture : « *Quand je verrais le feu, je ne dirais autre chose !* » la pauvre convalescente, trompée à Saint-Ouen par ses amis eux-mêmes qui crurent la sauver ainsi, en vienne, dans sa douloureuse perplexité, à signer une formule d'abjuration qu'elle ne comprend pas !

Sa conscience avait été tranquille ; il faut qu'à ses autres infortunes viennent se joindre les reproches du ciel : « *Jeanne, que viens-tu de faire ?* » lui disent ses Voix, » et la sainte, en voyant la tristesse sur les traits de ses Anges, a senti qu'elle pouvait encore se damner.

O Jésus, qui gisiez abattu, au jardin des Oliviers, et qui ne pouviez plus, tout couvert de nos péchés, soutenir le regard de votre Père, ô vous qui savez comme on souffre à voir le ciel attristé, ne tardez plus, Seigneur, à délivrer votre enfant, car elle est brisée !

La voyez-vous, Messieurs, se relever tout à coup de cette humiliante prostration ? Quel courage et quelle fierté ! Quel suprême dédain de la mort ! « *Oui,* s'écrie-t-elle, *c'est Dieu qui m'a envoyée, et je me damnerais si je disais le contraire, et jamais je n'ai entendu révoquer mes apparitions ; ce qui était en la cédule d'abjuration, je ne l'entendais point, et, à cette heure, je le déclare formellement, je n'entends rien révoquer.* »

« Tout va bien, s'écrie l'horrible juge, elle est prise ! » Ses amis eux-mêmes, qui se réjouissaient de l'avoir sauvée, n'y comprennent plus rien, et le tribunal la déclare relapse.

Le lendemain, elle brûlait !

Quelle agonie, Messieurs, et quelle mort ! Lorsque, de grand matin, elle apprit la terrible sentence : « *Hélas !* dit Jeanne, *peut-on me traiter si cruellement ? Quoi ! mon corps sera aujourd'hui consumé et réduit en cendres ? Ah ! ah ! j'en appelle devant Dieu !* » Et les sanglots soulevaient sa poitrine, et les larmes inondaient son visage, et dans sa familiarité coutumière avec ses Anges, elle leur reprochait doucement de ne l'avoir pas délivrée : « *Ah ! pourquoi m'avez-vous abandonnée ?* » Hélas ! elle eut la suprême douleur de voir imputer ses pleurs et ses plaintes à nouvelle rétractation !

Mais voici le consolateur, ô Jeanne ! voici cette hostie sainte, dont tu fus si longtemps privée ! Un triste cortège la lui apporte dans sa prison au chant lugubre des litanies : elle pleure encore, Messieurs, mais c'est de tendresse et d'espérance. Oh ! cette dernière communion de Jeanne ! Avec elle est revenu le bonheur ! « *Enfin,* dit-elle, *je serai ce soir en Paradis !* »

Elle y va, Messieurs, elle monte dans la fatale charrette qu'environnent les soldats anglais. Sur son passage, un cri terrible, un cri de désespoir se fait entendre : « Pardon, Jeanne, pardon ! » et l'homme s'élance sur la charrette, il s'y cramponne : « Pardonnez-moi, Jeanne, pardonnez-moi ! » C'est Loiseleur, dans un accès de remords ; mais les Anglais l'ont bien vite chassé et l'on arrive sur la funèbre place.

Dix mille hommes sont là, autour d'un haut bûcher que surmonte un poteau ; le prédicateur a prononcé son épouvantable *Vade in pace ;* voici le moment de monter sur l'échafaud. Jeanne s'est jetée à genoux : « *Sainte Trinité, ayez pitié de moi! Jésus, ayez pitié de moi! Sainte Marie, Saint Michel, Sainte Catherine, Sainte Marguerite, soyez-moi en aide! Vous tous qui êtes ici, pardonnez-moi comme je vous pardonne ; vous, prêtres, dites chacun une messe pour le repos de mon âme! Oh! donnez-moi une croix!* » Un soldat lui en fait une avec un bâton, et elle la met sur son cœur. « *Une croix bénite!* » En voici une. « *Ayez bien soin que je l'aie toujours sous les yeux jusqu'à ma mort!* » Un frémissement de pitié a secoué la foule ; déjà beaucoup s'enfuient pour n'en pas voir davantage, Winchester pleure, l'Évêque de Beauvais pleure aussi ; elle monte avec son confesseur : on la lie au poteau ; le feu s'allume, voici un jet de flamme. « *Oh! le feu! le feu! Descendez, maître Martin, descendez!* » Déjà on ne la voit plus. On entend seulement des cris pleins d'angoisse et de douceur : « *Saint Michel! Saint Michel! Non, mes Voix ne m'ont pas trompée! Ma mission était de Dieu!* » Puis après un grand silence, ces derniers mots de la mourante : « *Jésus! Jésus! Jésus!* »

Tout est consommé !

Que vous en semble ? Ah ! c'est affreux, dites-vous. C'est divin, Messieurs ! N'entendez-vous pas le bourreau qui s'écrie : « Malheur à moi, j'ai brûlé une sainte ! » Ne voyez-vous pas que l'Anglais est frappé à mort et qu'il ne s'en relèvera pas ? Ne savez-vous pas qu'il faut souffrir ainsi pour entrer dans la gloire ? Demandez à la patrie laquelle de ses filles elle aime de l'amour le plus tendre, et vous verrez si la France tout entière ne se lèvera pas pour dire : c'est celle qui a le plus souffert pour son pays ! Interrogez ses frères immortels, nos grands héros, nos grands sages et nos grands saints ; aussi vrai que le martyre est d'une beauté unique, quand il couronne ainsi la jeunesse et la virginité, ils s'écrieront d'une seule voix qu'elle les dépasse tous de la hauteur de son bûcher. Mais j'ai tort de demander à la terre ce qu'elle pense de tant de malheurs. Que fait la gloire à une vierge plus grande que la gloire même? Avec elle je fixe mes regards sur la croix qui se dresse en face des flammes où elle expire; il me semble qu'il en descend une voix qui explique tout : « Silence, dit le Seigneur cloué sur ses bras, silence ; vous que scandalisent la douleur et la honte ! Je sais le pourquoi de toutes ces larmes, moi qui en ai versé aussi. La vertu, dites-vous, a par trop souffert ! Et moi ? Suis-je resté dans mon ciel? Laquelle de ces ignominies n'ai-je pas affrontée, moi qui l'emporte en abaissements sur tout l'univers, autant que je l'emporte en grandeur? Elle n'a pas achevé sa mission, mais ai-je converti tous ceux pour qui j'étais venu ? On l'a vue trembler et défaillir ; ne suis-je pas tombé sous ma croix? Elle est morte excommuniée, ne suis-je pas mort excommunié par la synagogue? Ah ! il y a des raisons de souffrir que vous ne connaissez pas, hommes à courte vue ! C'est en souffrant que j'ai racheté le monde : c'est en souffrant aussi qu'on sauve les nations ! Croyez-en un Dieu qui, pour sauver les hommes, s'est laissé maudire et crucifier par eux ! »

Et maintenant, Messieurs, je vous le demande, cette vie et cette mort, est-ce assez divin ? Si Dieu est quelque part dans le monde, est-il dans cette âme? S'il y a des relations entre le ciel et les plus hauts d'entre nous, y en eut-il dans cette vie?

Vous avez entendu les Voix célestes qui parlèrent à Jeanne ; vous avez vu les signes que Dieu fit par son bras et dans son âme ; vous avez suivi son douloureux chemin de croix. N'est-il pas vrai, après tout cela, que nous touchons ici à ces confins mystérieux du monde des âmes, où le fini rencontre l'Infini, s'y attache et s'en pénètre ? Ah !

n'essayons plus d'enfermer cet esprit sublime dans les limites étroites de la nature : il les dépasse toutes, et, s'élevant au-dessus de l'humanité même, plonge fièrement dans le Ciel. Oui, cette vie est surhumaine. Nous ne voyons pas les Anges, Jeanne les a vus. Nous ne voyons pas l'avenir, elle y a lu. Nos actions sont toujours proportionnées aux forces que nous mettons en œuvre, Jeanne en a fait qui ne sont ni de son âge, ni de son sexe, et pour lesquelles il ne suffit même pas du génie. Nos vertus sont toujours infirmes par quelque endroit, elle en eut de parfaites. Nos croix enfin ne vont qu'à souffrir, les siennes sont un martyre qui achève sa mission divine en la prouvant par le témoignage du sang. Si tout cela n'est pas surnaturel, qu'est-ce donc que la nature?

Ah! Messieurs, laissez-m'en croire tout simplement ce qu'elle en dit elle-même : « *Ma mission vient d'en haut, disait-elle, je n'ai agi que par Dieu, et je n'espère qu'une place en paradis.* » Dieu est son principe, il fut sa vie, il est sa fin ; elle l'a dit, je la crois !

Et pour la voir encore, je lève mes yeux au Ciel !

Non, tant de vertus n'ont pas pu s'effondrer dans l'abîme !

Non, je ne puis croire qu'il faille, pour la retrouver, laisser aller mes regards attristés du néant où l'on veut que tout tombe, à l'enfer où elle ne peut pas être.

Je crois qu'elle vit et qu'elle est heureuse, qu'elle est maintenant pour toujours avec ce Roi du Ciel pour qui elle a si vaillamment combattu, et je frémis de joie en pensant, Messieurs, que nos hommages ne s'adressent pas à une ombre vaine, à une morte qui dort, à des cendres qui ne sentent rien, mais à une âme vivante qui vous voit, m'entend, et nous approuve de remercier Dieu des grâces qu'il lui a faites.

Oui, âme sainte de la Pucelle, ce n'est pas dans ma bouche une vaine métaphore, c'est l'expression sincère d'une foi sûre d'elle-même, tu planes sur cette assemblée, et si nos regards étaient aussi pénétrants que le tien, nous te verrions comme tu voyais les saintes ! Ah ! souviens-toi que tu prias dans cette église aux jours de ta vie terrestre, et que tu y rendis grâces au Ciel avec les pères de ceux qui sont ici. O toi, qui vis nos aïeux et qui vois leurs enfants, toujours présente à cette ville dont tu es la Sainte, toujours bonne à la France dont tu es l'Ange, bénis dans leurs tombes toutes les générations qui sont venues tour à tour te célébrer ici, bénis dans ce temple celle qui passe aujourd'hui, bénis Orléans ; et, appelant autour de toi l'innombrable armée des âmes françaises qui sont tes compagnes dans l'éternité : toutes ces âmes de magistrats qui saluent en toi la plus noble justicière dont puisse s'honorer un peuple ; toutes ces âmes de soldats qui, parties pour le Ciel en un jour de bataille, vont d'instinct, j'en suis sûr, trouver aussitôt la tienne ; toutes ces âmes de prêtres qui admirent en toi la plus touchante création de la foi qu'ils ont prêchée ; et celles de toutes ces vierges qui te ressemblent ; et celles de ces petits enfants que tu aimais tant ; toute cette France du Ciel enfin, dont tu es le centre et la splendeur, avec elles toutes, ô Jeanne, bénis en ce jour la patrie que tu as sauvée !

IMP. GEORGES JACOB, ORLÉANS.

PANÉGYRISTES DE JEANNE D'ARC

DONT LES DISCOURS ONT ÉTÉ IMPRIMÉS

MM.

- 1672. Senault (Le R. P.), de l'Oratoire.
- 1759 et 1760. Marolles (Claude de).
- 1764. Loiseau.
- 1766. Colas.
- 1767. Perdoux.
- 1779. Géry (de).
- 1805. Pataud.
- 1809. Nutein.
- 1811. Pataud.
- 1814. Nutein.
- 1817. Bernier.
- 1819. Frayssinous.
- 1821 et 1823. Feutrier.
- 1825. Longin.
- 1826. Girod.
- 1828. Deguerry.
- 1829. Morisset.
- 1830. Le Courtier.
- 1844. Pie.
- 1845. Berland.
- 1850. Barthélémy de Beauregard.
- 1853. Le même.
- 1855. Mgr Dupanloup.
- 1856. Deguerry.
- 1857. Mgr Gillis.
- 1858. Place (de).
- 1859. Chevojon.
- 1860. Freppel.
- 1861. Desbrosses.
- 1862. Perreyve.

MM.

- 1863. Mermillod.
- 1864. Thomas.
- 1865. Bougaud.
- 1866. Lagrange.
- 1867. Freppel.
- 1868. Baunard.
- 1869. Mgr Dupanloup.
- 1872. Perraud (Le R. P.).
- 1873. Lémann (J.).
- 1874. Lémann (A.).
- 1875. Bernard.
- 1876. Hulst (D').
- 1877. Monsabré (Le R. P.).
- 1878. Rouquette.
- 1879. Mgr Turinaz.
- 1880. Mgr Besson.
- 1881. Planus.
- 1882. Mgr Germain.
- 1883. Laroche.
- 1884. Chapon.
- 1885. S. E. Mgr Langénieux.
- 1885. Mgr Thomas, dans la Cathédrale de Rouen.
- 1886. Vié.
- 1887. Mgr Perraud.
- 1888. Mgr Gonindard.
- 1889. Mgr de Cabrières.
- 1890. Mouchard.
- 1891. Lémann (J.).
- 1892. Le Nordez.
- 1893. Lemoine.

EN VENTE A LA LIBRAIRIE H. HERLUISON

Œuvres oratoires de Mgr Laroche
ÉVÊQUE DE NANTES

NOS MODÈLES

Deux beaux volumes in-18 jésus, prix : **6 fr.**

Ces volumes contiennent les panégyriques de saint Jean-Baptiste, Notre-Seigneur Jésus-Christ, saint Marc, saint Paul, saint Charles Borromée, saint François de Sales et le bienheureux de la Salle. — Dans le second figurent, outre les éloges de la Vierge Marie, de sainte Marie-Madeleine, sainte Thérèse, sainte Chantal et Jeanne d'Arc, la lettre du Prélat au Saint-Père, l'adresse du chapitre de Nantes et la réponse, enfin *Les Harmonies de la religion chrétienne avec l'âme humaine et les sociétés*, lettre pastorale.

ARMOIRIES DE JEANNE D'ARC

Grand écusson en or et couleur, mesurant 75 centimètres de haut. Prix : **2** francs.

PUBLICATIONS DE M. G. DE BRAUX

La famille de Jeanne d'Arc, 1878. — Nouvelles recherches sur la famille de Jeanne d'Arc, 1879. — Notes iconographiques sur Jeanne d'Arc, 1879. Ces trois ouvrages en collaboration avec M. de Bouteiller. — De la noblesse de Jeanne d'Arc dite du Lys, Pucelle d'Orléans, et des principales circonstances de sa vie et de sa mort, par Gilles-André de la Roque, édition publiée et annotée par M. G. de Braux, 1878. — Eloge de Jeanne d'Arc, extrait des Eloges des Illustres français, 1888. — Jeanne d'Arc à Saint-Nicolas, 1889. — Les familles Noël du Lys et Villeroy, généalogies dressées par M. Ott, publiées par G. de Braux, 1892.

The Maid of Orléans

Her life and mission. From original documents, by the Rev. Francis M. Wyndham, m. a. ex cong. oblat S. Caroli, with a preface by his Eminence the Cardinal archbishop of Westminster. Petit in-8°. **1^f 75**

IMP. GEORGES JACOB, — ORLÉANS.

www.ingramcontent.com/pod-product-compliance
Lightning Source LLC
Chambersburg PA
CBHW061008050426
42453CB00009B/1315